JUSTICIA

PAZ

RELATOS ESTADOUNIDENSES

EL PODER DEL PUEBLO

VOTO

¿CÓMO FUNCIONA NUESTRO GOBIERNO?

Penguin
Random
House

DK Reino Unido:
Coordinación editorial Oriel Square
Una producción de Collaborate Agency para DK
Índice analítico James Helling

Autoría Michael Burgan
Edición de la colección Megan DuVarney Forbes
Dirección de publicaciones Nick Hunter
Dirección de publicaciones Sarah Forbes
Coordinación de proyectos editoriales Katherine Neep
Coordinación de producción Isabell Schart
Iconografía Nunhoih Guite
Producción editorial Shanker Prasad

Publicado originalmente en los Estados Unidos
en 2023 por Dorling Kindersley Limited,
DK, One Embassy Gardens, 8 Viaduct Gardens,
Londres, SW11 7BW
Parte de Penguin Random House

Título original: *Power for the People*
Primera edición 2023
Copyright © 2023 Dorling Kindersley Limited
© Traducción en español 2023 Dorling Kindersley Limited
Servicios editoriales: Flores + Books, Inc.
Traducción: Isabel Mendoza

ISBN: 978-0-7440-8266-1

Impreso en China

Los editores agradecen a las personas siguientes su permiso para reproducir sus fotografías:
(Clave: a: arriba; b: bajo/abajo c: centro; f: extremo; l: izquierda; r: derecha; t: superior)

4 Getty Images: Hill Street Studios / DigitalVision (cl). **5 Getty Images:** Travelpix Ltd / Stone (tr). **6 Alamy Stock Photo**: IanDagnall Computing (cla). **Dreamstime.com:** Onur Ersin (br). **7 Alamy Stock Photo:** WDC Photos (c). **9 Library of Congress, Washington, D.C.:** U. S. Constitution. A bill of rights as provided in the ten original amendments to the constitution of the United States in force . n. p. 195. 1950. Pdf. https://www.loc.gov/item/rbpe.24404400/. (b). **10 Library of Congress, Washington, D.C.:** LC-DIG-pga-02797 / Strobridge & Co. Lith. (clb). **11 Alamy Stock Photo:** Photo Researchers / Science History Images (bl). Getty Images: Bettmann (cra). **12 Getty Images:** Chip Somodevilla / Staff (clb). **13 Library of Congress, Washington, D.C.:** LC-DIG-highsm-12576 / Highsmith, Carol M., 1946-, photographer (tl); LC-DIG-ppmsca-39789 / Johnston, Frances Benjamin, 1864-1952, photographer (br). **14 Alamy Stock Photo:** Jonathan Ernst / UPI (cla). **15 Getty Images:** Corbis Historical / Leif Skoogfors (bl). **16 Getty Images:** Jabin Botsford / Pool (cl). **18 United States Senate:** U.S. Senate Collection (cl). **19 Getty Images:** Erin Schaff / The New York Times / Bloomberg (tr). **20 Alamy Stock Photo:** Everett Collection Inc (cra). **Getty Images:** Diana Walker / Liaison / Hulton Archive (bl). **21 Alamy Stock Photo:** Ron Sachs / CNP / ZUMA Press, Inc. (br). **22 Alamy Stock Photo:** White House Photo (cra). Getty Images: Mandel Ngan / AFP (bl). **23 Getty Images:** Mark Wilson / Staff (cra). **24 Alamy Stock Photo:** Everett Collection Historical (bl). **Dreamstime.com:** Petr Svec (cl). **25 Getty Images:** AFP / Luke Frazza / Staff (cr). **26 Alamy Stock Photo:** PF-(usna) (cra). **29 Alamy Stock Photo:** Mark Reinstein / MediaPunch Inc (tr). Getty Images: Gado / Archive Photos (bl). **30 Alamy Stock Photo:** Globe Photos / ZUMA Press, Inc. (cl). **31 Alamy Stock Photo:** Niday Picture Library (bl). **Dreamstime.com:** Palinchak (cr). **32 Alamy Stock Photo:** Planetpix / DOD Photo (cra). **Getty Images:** Bill Pugliano / Stringer (bl). **33 Alamy Stock Photo:** Shawshots (tr). **Getty Images:** Bettmann (bc). **34 Getty Images / iStock:** E+ / JohnnyGreig (cla). **35 Getty Images:** Drew Angerer / Staff (br). **36 Collection of the Supreme Court of the United States:** (cra). **The US National Archives and Records Administration:** National Archives photo no. 210-CT-23-T380 (bl). **37 Getty Images:** Heritage Images / Hulton Fine Art Collection (cra). **38 Alamy Stock Photo:** Olivier Douliery / Abaca Press (cla). **42 Shutterstock.com:** EQRoy (cr). **43 Alamy Stock Photo:** Bob Daemmrich (tr). **44 Getty Images:** AFP / Saul Loeb / Staff (cla). **45 Alamy Stock Photo:** Ron Sachs / CNP / dpa picture alliance (cra). **47 Alamy Stock Photo:** Photo Researchers / Science History Images (cr). **Getty Images:** AFP / Saul Loeb / Staff (br); Chip Somodevilla / Staff (tr)

Resto de las imágenes © Dorling Kindersley

Ilustración: Karen Saavedra

Para mentes curiosas
www.dkespañol.com

MIXTO
Papel | Apoyando la
selvicultura responsable
FSC™ C018179

Este libro se ha impreso con papel
certificado por el Forest Stewardship
Council™ como parte del compromiso
de DK por un futuro sostenible.
Para más información, visita
www.dk.com/our-green-pledge

CONTENIDO

RECIBIR AL
PRESIDENTE

★ ★ ★ ★ ★ ★ ★ ★ ★ ★ ★ ★ ★ ★ ★ ★ ★ ★ ★ ★

Cada cuatro años, el 20 de enero, decenas de miles de estadounidenses se reúnen en Washington, D. C., la capital de la nación. Llegan para asistir a la **investidura presidencial, la ceremonia que señala el comienzo del mandato del presidente de EE.UU.** El presidente es el jefe del gobierno nacional, o federal. En esa ceremonia, el presidente promete defender la Constitución, el documento que creó ese mismo gobierno federal en 1787.

Los gobiernos crean y hacen cumplir leyes que mejoran la calidad de vida de sus ciudadanos. Los gobiernos de esta manera se aseguran de mantener a su pueblo seguro y ayudarlo cuando sea necesario. Algunos gobiernos son liderados por un rey o una reina, y otros, por militares.

Estados Unidos es una república.

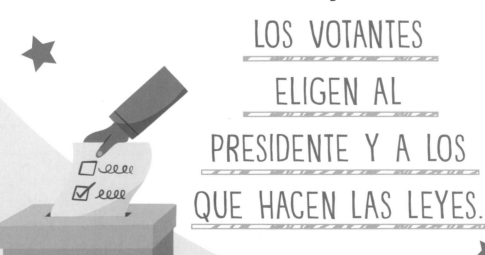

LOS VOTANTES ELIGEN AL PRESIDENTE Y A LOS QUE HACEN LAS LEYES.

★ ¿QUÉ ES UNA ★ REPÚBLICA?

- En una república, **los votantes** son la verdadera fuente del poder del gobierno.

- Las personas elegidas intentan crear y hacer cumplir las leyes en función de las necesidades y los deseos de los votantes.

- Si a los votantes no les gusta lo que hacen sus representantes, **pueden votar** por otra persona en las próximas elecciones.

★ OTROS ★ GOBIERNOS

El gobierno federal comparte el poder con los **50 estados**. Cada estado cuenta con su propio gobierno. Y, dentro de cada estado, las ciudades, los pueblos y los condados también tienen sus gobiernos locales.

★ ALGUNAS ★ CIFRAS

En el gobierno federal hay personas que no son elegidas por los votantes. Más de dos millones de trabajadores colaboran en las labores de los funcionarios. Y alrededor de **1.4 millones** trabajan en distintas ramas de las fuerzas armadas de EE. UU.

LA CREACIÓN DEL
GOBIERNO DE EE. UU.

★ ★

El 25 de mayo de 1787, 55 hombres se reunieron en Filadelfia, Pensilvania, para crear un nuevo gobierno para Estados Unidos. Asistieron **delegados**, o representantes, de los trece estados que existían en ese momento, excepto Rhode Island. Eligieron a George Washington para dirigir lo que ahora se llama la **Convención Constitucional**.

GEORGE WASHINGTON

Estados Unidos se convirtió en una nación independiente en 1783. Antes de la Convención Constitucional, el gobierno nacional no tenía mucho poder. Algunos líderes querían un gobierno nacional más fuerte. Durante un largo y caluroso verano, los delegados debatieron qué poderes debería tener el gobierno.

Finalmente, decidieron que el gobierno se dividiría en tres ramas, o partes: el Congreso crearía las leyes, el presidente haría que el pueblo cumpliera con ellas y los tribunales resolverían las discusiones sobre las leyes nacionales. Las tres ramas compartirían el poder para que una sola no pudiera controlar el gobierno. Esta idea se llama **separación de poderes**. El gobierno federal también compartiría algunos poderes con los estados.

★ ¿QUÉ ES UNA ★ CONSTITUCIÓN?

Una constitución es un conjunto de reglas sobre la manera como debe funcionar el gobierno de un país. Las constituciones a menudo tienen tres partes principales:

- el sistema de gobierno, como un sistema federal con un gobierno central y gobiernos estatales individuales,
- qué hace el gobierno y cómo se crean las leyes
- y los derechos de los ciudadanos.

LOS MIEMBROS DEL CONGRESO DEBEN JURAR QUE DEFENDERÁN LA CONSTITUCIÓN.

EN ESTE CUADRO SE REPRESENTA LA CONVENCIÓN CONSTITUCIONAL. ¿CÓMO CREES QUE SE VERÍA CON LOS MIEMBROS DEL CONGRESO ACTUAL? LA ROPA SEGURO HA CAMBIADO, PERO, ¿Y LAS PERSONAS?

El 17 de septiembre de 1787, los delegados aprobaron la Constitución. Al año siguiente, nueve de los trece estados también aprobaron la Constitución. Estados Unidos tenía un nuevo gobierno.

CAMBIAR LA
CONSTITUCIÓN

★ ★ ★ ★ ★ ★ ★ ★ ★ ★ ★ ★ ★ ★ ★ ★ ★ ★

Algunos estadounidenses pensaban que la Constitución no era suficiente para proteger sus derechos. Cuando el Congreso se reunió por primera vez, en 1789, James Madison, de Virginia, propuso agregar **doce enmiendas**, o cambios, a la Constitución. Hacia 1791, el país había aprobado diez de estos cambios, conocidos como la Carta de Derechos.

Las enmiendas indicaban que el gobierno no podía negar la libertad de expresión ni la libertad de prensa, y que la gente tenía derecho a practicar la religión que quisiera. La Carta de Derechos también estipuló que a las personas acusadas de cometer un crimen se les debe hacer un juicio rápido.

La **Carta de Derechos** no protegía a todos los estadounidenses. A las personas esclavizadas y los pueblos indígenas, entre otros, no se les otorgaron los mismos derechos. Pero hoy, todo estadounidense debe tener los derechos enumerados en la Carta de Derechos y el resto de la Constitución.

A LOS INDÍGENAS NO SE LOS CONSIDERABA CIUDADANOS CUANDO SE CREÓ LA CARTA DE DERECHOS.

CÓMO SE HACE UNA ENMIENDA

Los delegados de la Convención Constitucional no querían que fuera demasiado fácil cambiar el gobierno.

PARA REALIZAR CUALQUIER CAMBIO EN LA CONSTITUCIÓN, TRES CUARTOS DE LOS ESTADOS DEBEN RATIFICARLO, O APROBARLO.

★ LA CARTA DE DERECHOS ★

Desde que se aprobó la Carta de Derechos, el Congreso ha considerado más de 11,000 enmiendas. Sólo 37 de ellas han sido presentadas a los estados para su consideración.

LA CARTA DE DERECHOS GARANTIZÓ LA LIBERTAD DE CULTO (O RELIGIÓN) PARA TODOS LOS ESTADOUNIDENSES.

A Bill of Rights as provided in the Ten Original Amendments to The Constitution of the United States in force December 15, 1791.

Article I

Congress shall make no law respecting an establishment of religion, or prohibiting the free exercise thereof; or abridging the freedom of speech, or of the press; or the right of the people peaceably to assemble, and to petition the Government for a redress of grievances.

Article II

A well regulated Militia, being necessary to the security of a free State, the right of the people to keep and bear Arms, shall not be infringed.

or property, without due process of law; nor shall private property be taken for public use, without just compensation.

Article VI

In all criminal prosecutions, "the accused shall enjoy the right to a speedy and public trial, by an impartial jury of the State and district wherein the crime shall have been committed, which district shall have been previously ascertained by law, and to be informed of the nature and cause of the accusation; to be confronted with the witnesses against him; to have compulsory process for obtaining Witnesses in his favor, and to have the Assistance of

UNA DEMOCRACIA
CAMBIANTE

★ ★

A medida que crecía el país, muchos estadounidenses exigieron más derechos. Por eso se le hicieron más cambios a la Constitución. Desde 1791, el Congreso y los estados han ratificado diecisiete enmiendas más. Estas son algunas de las más importantes.

★ DECIMOTERCERA ENMIENDA, 1865

La Guerra Civil (1861 a 1865) comenzó a causa de la esclavitud. Bajo la esclavitud, una persona trata a otra como una propiedad y tiene control total sobre su vida. Después de la guerra, esta práctica se declaró ilegal en todos los estados.

★ DECIMOCUARTA ENMIENDA, 1868

Antes de esta enmienda, las protecciones incluidas en la Carta de Derechos solo se aplicaban a las leyes aprobadas por el gobierno federal. Algunos estados no querían conceder derechos a quienes habían sido esclavos. Esta enmienda dejó en claro que cualquier persona nacida en EE. UU. era ciudadana del país y ciudadana de su estado. Los estados no podían negar a sus ciudadanos los derechos protegidos por la Constitución.

★ DECIMOQUINTA ENMIENDA, 1870

Esta enmienda dio a los hombres negros el derecho al voto. Sin embargo, algunos estados aprobaron leyes que hacían que les fuera casi imposible ejercer ese derecho. Una ley federal de 1965 protegió la igualdad del derecho al voto.

★ DECIMOSEXTA ENMIENDA, 1913

Esta enmienda le permitió al Congreso recaudar impuestos sobre el dinero que gana la gente. Esto facilita que el gobierno recaude grandes cantidades de dinero.

★ DECIMONOVENA ENMIENDA, 1920

Desde finales del siglo XIX, algunos estados otorgaron a las mujeres el derecho al voto. Muchos estadounidenses hicieron campaña para que las mujeres de todos los estados tuvieran ese derecho. Esta enmienda otorgó a las mujeres el derecho al voto.

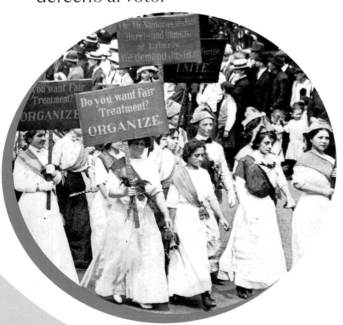

★ VIGESIMASEGUNDA ENMIENDA, 1951

La Constitución no limitaba el periodo presidencial. Muchos presidentes no se postularon nuevamente después de haber sido elegidos dos veces. Franklin Roosevelt, sin embargo, se postuló y ganó cuatro veces. Esta enmienda dice que una persona solo puede ser elegida presidente dos veces.

★ VIGESIMASEXTA ENMIENDA, 1971

A finales de la década de 1960, EE. UU. estaba librando una guerra en Vietnam. Muchos de los soldados no tenían la edad suficiente para votar y muchos estadounidenses creían que eso era injusto. Esta enmienda redujo la edad para votar a 18 años para las elecciones federales y estatales.

¿QUÉ PASA EN EL CONGRESO?

★ ★ ★ ★ ★ ★ ★ ★ ★ ★ ★ ★ ★ ★ ★ ★ ★ ★ ★

En el Capitolio de EE. UU., en Washington, D. C., los estadounidenses pueden ver a sus representantes debatir qué leyes debe tener el país. El Capitolio es la sede del Congreso, la rama **legislativa**, o la que crea las leyes, del gobierno federal.

★ DOS CÁMARAS ★

El Congreso se divide en dos partes, llamadas **cámaras**. Una es la Cámara de Representantes, y la otra es el Senado. El primer Congreso se reunió en 1789 en la Ciudad de Nueva York, que era la capital del país.

Para aprobar una ley, la mayoría de los miembros de cada cámara debe votar a favor. La mayoría es la mitad de los miembros más uno.

MUCHAS PALABRAS QUE DESCRIBEN EL GOBIERNO DE EE. UU. VIENEN DE LA ANTIGUA ROMA, QUE TAMBIÉN TUVO UN GOBIERNO REPUBLICANO. ESTE TENÍA UN ÓRGANO LLAMADO SENADO. LOS ROMANOS HABLABAN LATÍN. Y LEGISLATIVO PROVIENE DE LA PALABRA LATINA *LEGIS*. QUE SIGNIFICA "LEY".

CONTROLES Y CONTRAPESOS

Junto con la idea de la separación de poderes, la Constitución fue diseñada para incluir controles y contrapesos. Esto significa que una rama del gobierno a menudo tiene que trabajar con otra para lograr algo. Por ejemplo, el **Congreso** no actúa solo al crear las leyes: el presidente también debe aprobarlas. El sistema de controles y contrapesos es otra manera de asegurar que una rama del gobierno no tenga demasiado poder sobre las otras ramas.

LOS CONTROLES Y CONTRAPESOS TAMBIÉN FUNCIONAN DENTRO DEL CONGRESO.

Los **delegados** de la Convención Constitucional querían equilibrar el poder de los estados grandes y pequeños. Por lo tanto, el número de miembros de la Cámara de Representantes se basa en la población de cada estado. De esta manera, los estados con más habitantes, como California, tienen más representantes. Pero cada estado tiene sólo dos senadores, lo que le otorga a los estados más pequeños una voz igualitaria en el Senado.

LA CÁMARA DE
REPRESENTANTES

★ ★

El 4 de enero de 2007, Nancy Pelosi, de California, hizo historia. Se convirtió en la primera mujer en servir como presidenta de la Cámara, el cargo más importante en la Cámara de Representantes. Como presidenta, Pelosi desempeñó un papel importante al decidir qué proyectos de ley debatiría la Cámara.

Hoy, la Cámara de Representantes tiene 435 miembros. Cada uno representa un área de su estado llamada distrito congresional. En promedio, cada distrito tiene unos 750,000 habitantes. Para votar por un representante hay que inscribirse con anticipación. Cada estado tiene al menos un representante, pero puede ganar o perder escaños en la Cámara si su población aumenta o disminuye. La población del país se cuenta cada diez años, y se puede ajustar el número de representantes si es necesario. Ese conteo se conoce como **censo**.

Una vez elegido, un representante cumple un mandato de dos años. Cuando finaliza ese período, el representante puede optar por presentarse nuevamente a las elecciones o abandonar la Cámara. Si un representante fallece o renuncia antes del final de su mandato, los votantes eligen un nuevo representante en unas elecciones especiales.

JOHN DINGELL, JR., DE MICHIGAN, SIRVIÓ MÁS TIEMPO EN LA CÁMARA QUE CUALQUIER OTRO REPRESENTANTE: ¡CASI 60 AÑOS!

SHIRLEY, LA LUCHADORA

Shirley Chisholm, de Nueva York, fue la primera mujer negra elegida para la Cámara de Representantes. Sirvió de 1969 a 1983. Se ganó el apodo de "Shirley, la luchadora" (Fighting Shirley) debido a su labor para garantizar la igualdad de derechos para la gente de color y las mujeres. Chisholm también fue el primer afroamericano en intentar postularse para presidente como miembro de un partido político importante.

LA CÁMARA
EN ACCIÓN

★ ★ ★ ★ ★ ★ ★ ★ ★ ★ ★ ★ ★ ★ ★ ★ ★ ★ ★ ★

La Cámara de Representantes tiene varias funciones especiales que le otorga la Constitución. Solo la Cámara puede proponer proyectos de ley para recaudar impuestos. La Cámara también puede iniciar un **proceso de destitución** contra el presidente y otros funcionarios federales, lo que significa que pueden acusarlos de un delito. Eso podría llevar a que los funcionarios sean relevados de sus cargos. La Cámara puede elegir al presidente si no hay un ganador en las elecciones.

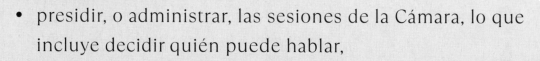

El presidente de la Cámara es el puesto más importante en la Cámara de Representantes. Además de decidir qué proyectos de ley se debatirán, los deberes del presidente incluyen:

- presidir, o administrar, las sesiones de la Cámara, lo que incluye decidir quién puede hablar,
- hacer cumplir las normas de la Cámara,
- convocar a los miembros a una votación
- y liderar a otros miembros de su partido en la Cámara.

Si por alguna razón, tanto el presidente como el vicepresidente del país no pueden hacer su trabajo, el presidente de la Cámara toma el cargo de presidente de EE. UU. Hasta ahora, esto nunca ha sucedido.

COMITÉS

Los miembros de la Cámara trabajan en grupos llamados **comités**. El líder de un comité también se llama presidente. El partido político al que pertenece la mayoría de los miembros de la Cámara elige al presidente del comité. Cada comité debate proyectos de ley relacionados con un tema, como la energía o las fuerzas armadas.

Los comités también celebran **audiencias**: reuniones públicas en las que hablan personas con conocimientos especiales sobre un tema. Después de las audiencias, el comité puede hacer enmiendas a un proyecto de ley. Luego vota para decidir si el proyecto de ley pasa al pleno de la Cámara de Representantes para su votación.

EL
SENADO

★ ★

Hiram Revels, de Mississippi, hizo historia cuando entró en el recinto del Senado de EE. UU. en 1870. **Se convirtió en el primer senador afroamericano.**

Afroamericanos libertos de todo el país acudieron a él en busca de ayuda. Después de Revels, en 1874, Mississippi eligió a otro senador afroamericano: Blanche K. Bruce. Sin embargo, ningún otro político negro se desempeñó como senador durante casi cien años. Una razón fue que muchos estados aprobaron leyes que les dificultaban el voto a los afroamericanos.

BLANCHE K. BRUCE

El Senado tiene cien miembros, dos senadores de cada estado. Eso significa que un estado con casi 600,000 habitantes, como Wyoming, tiene tanto poder en el Senado como California, un estado con 40 millones de habitantes. La gente de zonas tranquilas y rurales a menudo tiene más influencia en el Senado que los habitantes de las grandes ciudades porque, entre menos gente haya, un mayor impacto podrá tener cada voz individual.

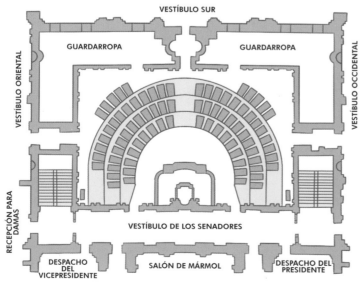

VESTÍBULO SUR

GUARDARROPA   GUARDARROPA

VESTÍBULO ORIENTAL   VESTÍBULO OCCIDENTAL

RECEPCIÓN PARA DAMAS

VESTÍBULO DE LOS SENADORES

DESPACHO DEL VICEPRESIDENTE   SALÓN DE MÁRMOL   DESPACHO DEL PRESIDENTE

PLANO DEL RECINTO DEL SENADO

El mandato de un senador años, pero no se vota por todos los escaños a la vez. Cada dos años, termina el mandato de casi un tercio de los senadores. Si un senador muere o deja el cargo antes del final de su mandato, la mayoría de los gobernadores estatales pueden nombrar a alguien para reemplazarlo. Algunos estados realizan unas elecciones especiales para ocupar el puesto.

EL SENADO TAMBIÉN TIENE UN PRESIDENTE: EL VICEPRESIDENTE DEL PAÍS.

LOS PODERES DEL SENADO

La Constitución otorga al **Senado** algunos poderes especiales. Cuando un presidente elige a jueces federales y a muchos otros funcionarios del gobierno, la mayoría de los senadores debe aprobar los nombramientos. El Senado también debe aprobar cualquier tratado que pacte el presidente con naciones extranjeras. Dos tercios de los senadores deben votar por el tratado. Si la Cámara inicia un proceso de destitución contra un funcionario federal, el Senado entonces actúa como un tribunal y decide si el acusado debe ser destituido del cargo.

¿SABÍAS QUE...?

PARA SERVIR EN EL SENADO, UNA PERSONA DEBE:
• TENER AL MENOS 30 AÑOS DE EDAD,
• HABER SIDO CIUDADANO DE EE. UU. DURANTE AL MENOS NUEVE AÑOS
• Y SER RESIDENTE DEL ESTADO QUE REPRESENTA EN EL MOMENTO DE SU ELECCIÓN.

EL SENADO EN
ACCIÓN

★ ★ ★ ★ ★ ★ ★ ★ ★ ★ ★ ★ ★ ★ ★ ★ ★ ★

La persona más poderosa del Senado es el líder de la mayoría, elegido por el partido político con más escaños. Al igual que el presidente de la Cámara de Representantes, el líder de la mayoría decide qué proyectos de ley debatirá el Senado.

Al igual que en la Cámara, la mayor parte del trabajo importante relacionado con los proyectos de ley lo realizan los comités. El partido mayoritario elige a los presidentes de los comités.

MIKE MANSFIELD ES EL LÍDER DE LA MAYORÍA DE MÁS LARGA DURACIÓN EN LA HISTORIA DEL SENADO. SIRVIÓ 16 AÑOS, DESDE 1961 HASTA SU JUBILACIÓN, EN 1977.

★ FILIBUSTERISMO ★

Los senadores usan el filibusterismo para retrasar o impedir la votación de un proyecto de ley. Si algunos senadores creen que un proyecto de ley es injusto para ciertos grupos de estadounidenses, utilizan el obstruccionismo para impedir que se apruebe.

Antes, cuando se utilizaba la táctica del filibusterismo, el Senado les permitía a sus miembros hablar todo el tiempo que quisieran. Sin embargo, sesenta senadores podían votar para concluir el debate. Ese voto se conoce como **cloture**, o cierre del debate.

STROM THURMOND DE CAROLINA DEL SUR ESTABLECIÓ UN RÉCORD EN 1957 CUANDO HABLÓ SIN PARAR POR 24 HORAS Y 18 MINUTOS.

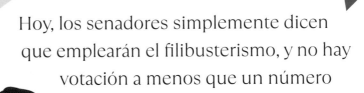

Hoy, los senadores simplemente dicen que emplearán el filibusterismo, y no hay votación a menos que un número suficiente de senadores voten por cerrar el debate. A algunos estadounidenses les gustaría terminar con el filibusterismo, ya que muchos proyectos de ley requieren sesenta votos para ser aprobados, en lugar del voto de la mayoría. Pero algunos senadores argumentan que el obstruccionismo obliga al partido mayoritario a redactar proyectos de ley que el otro partido pueda apoyar. Esto significa que el proyecto de ley reflejará las opiniones de más votantes.

★ MUJERES EN EL SENADO ★

La estadounidense de origen japonés Mazie Hirono hizo historia en 2012. Fue la primera mujer estadounidense de origen asiático elegida senadora. Nació en Japón, pero más tarde se mudó a Hawái. Representó a votantes tanto en la Cámara como en el Senado. El número de senadoras ha crecido en las últimas décadas, pero aun así, hoy solo uno de cada cuatro miembros son mujeres.

EL
PRESIDENTE

★ ★ ★ ★ ★ ★ ★ ★ ★ ★ ★ ★ ★ ★ ★ ★ ★ ★ ★ ★

El 20 de enero de 2009, Barack Obama se convirtió en el 44.º presidente de Estados Unidos. Es el primer presidente afroamericano. Ese día, dijo que el país podía resolver los problemas que enfrentaba. Los estadounidenses esperan que sus presidentes lideren el país en tiempos difíciles.

El presidente es el jefe de la rama ejecutiva del gobierno. Esa rama ejecuta, o lleva a cabo, las leyes aprobadas por el Congreso. Los presidentes no pueden hacer lo que quieran, pero sí tienen muchos poderes. Las facultades descritas en la Constitución se conocen como poderes explícitos. Uno de los más importantes es el poder de considerar los proyectos de ley aprobados por el Congreso. Los presidentes firman un proyecto de ley si quieren que se convierta en ley. Si no firman el proyecto de ley, eso significa que lo han vetado, o rechazado. Sin embargo, el Congreso puede anular, o rechazar, el veto si dos tercios de los miembros tanto en el Senado como en la Cámara desean aprobar el proyecto de ley.

Desde que George Washington vetó por primera vez un proyecto de ley en 1792, los presidentes han emitido más de 2,500 vetos.

ALGUNOS PRESIDENTES UTILIZAN VARIOS BOLÍGRAFOS CUANDO FIRMAN UN PROYECTO DE LEY IMPORTANTE: A VECES, UNO PARA CADA LETRA DE SU NOMBRE. LUEGO SE LOS REGALAN A LOS LEGISLADORES O A OTRAS PERSONAS QUE HAYAN AYUDADO A APROBAR LA LEY.

★ COMANDANTE EN JEFE ★

El presidente también está a cargo de las fuerzas armadas, y se le conoce como el comandante en jefe. Los presidentes no pueden declararle la guerra a una nación extranjera. Sólo el Congreso puede hacerlo.

Otros poderes explícitos son:

- nombrar jueces federales y otros funcionarios que el Senado debe aprobar

- pactar tratados con naciones extranjeras

- informar sobre el estado del país

- proponer leyes al Congreso

- perdonar a personas que hayan cometido un crimen

- convocar al Congreso para que se reúna en caso de emergencia.

Algunos poderes presidenciales no están enunciados explícitamente en la Constitución. Un ejemplo son las órdenes ejecutivas, que indican cómo el poder ejecutivo debe implementar las leyes o las sentencias de los tribunales federales.

¿SABÍAS QUE...?

PARA SER PRESIDENTE, UNA PERSONA DEBE:

- TENER AL MENOS 35 AÑOS DE EDAD,

- SER CIUDADANO DE EE. UU. POR NACIMIENTO,

- HABER VIVIDO EN EE. UU. MÍNIMO 14 AÑOS.

SI LLEGARAS A SER PRESIDENTE, ¿QUÉ HARÍAS PARA MEJORAR EL PAÍS?

LA VIDA DE UN
PRESIDENTE

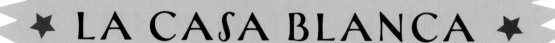

★ LA CASA BLANCA ★

En 1800, John Adams se convirtió en el primer presidente en vivir y trabajar en la Casa Blanca, en Washington, D. C. Actualmente, la Casa Blanca tiene 132 habitaciones y 35 baños. Los presidentes también pueden disfrutar de una cancha de tenis, una bolera, una piscina y una sala de cine.

Los presidentes ganan $400,000 cada año que están en el cargo. Usan parte de ese dinero para comprar alimentos y otros artículos. ¡Esos artículos incluyen pasta de dientes y papel higiénico!

Dos presidentes donaron su salario a organizaciones benéficas: Herbert Hoover y John F. Kennedy.

ESTA ES LA RESIDENCIA CAMPESTRE DEL PRESIDENTE EN MARYLAND, CAMP DAVID. TIENE UNA PISCINA, UNA BOLERA, UN CAMPO DE GOLF Y MÁS.

TRANSPORTE

Los presidentes deben seguir trabajando mientras viajan en el **Air Force One**, su avión oficial. El avión tiene una oficina y una sala de conferencias, un consultorio médico y una cocina que puede alimentar a 100 personas.

Los presidentes también tienen un auto especial apodado la Bestia. Las balas no penetran las ventanas. Hay un avión que transporta la Bestia a donde quiera que vaya el presidente.

UN LÍDER ★ MUNDIAL ★

Los presidentes también representan a EE. UU. en todo el mundo. Se reúnen con líderes de otros países para hablar de sus intereses compartidos. Estados Unidos es uno de los países más ricos y poderosos del mundo. Los presidentes usan ese poder para defender el país y sus intereses.

El 11 de septiembre de 2001, unos terroristas atacaron el país y mataron a casi 3,000 personas. El presidente George W. Bush se dirigió a la nación esa noche. En parte, dijo:

¿QUÉ CREES QUE QUERÍA EL PRESIDENTE BUSH QUE PENSARAN LOS ESTADOUNIDENSES DESPUÉS DE ESCUCHAR SU DISCURSO?

"Ninguno de nosotros olvidará jamás este día. Pero seguiremos adelante para defender la libertad y todo lo que es justo y bueno en nuestro mundo".

¿CÓMO SE CREAN LAS LEYES?

★ ★ ★ ★ ★ ★ ★ ★ ★ ★ ★ ★ ★ ★ ★ ★ ★ ★ ★ ★

En 1965, el presidente Lyndon B. Johnson ratificó la **Ley de Derecho al Voto**, que les prohibió a los estados obligar a los negros y a los hispanoamericanos a pagar un impuesto o probar que sabían leer antes de poder votar. La firma de Johnson aprobó oficialmente el proyecto como ley federal.

EL PRESIDENTE LYNDON JOHNSON FIRMA LA LEY DE DERECHO AL VOTO.

PRESENTACIÓN

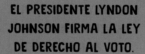

El proceso de crear de una nueva ley comienza en cualquiera de las cámaras del Congreso. Un representante o senador presenta un proyecto de ley para la consideración de toda la cámara. La idea puede haber venido del legislador, de los votantes, de empresas o de otros grupos. Los presidentes también pueden pedir a miembros del Congreso que presenten proyectos de ley que quieran que se conviertan en ley.

★ COMITÉ ★

El comité consulta con expertos para saber si el proyecto es bueno o malo. Miembros de la rama ejecutiva también pueden comentar. Las audiencias sirven para que los legisladores sepan cómo un proyecto de ley afectaría a los estadounidenses si se convierte en ley.

★ VOTAN LAS CÁMARAS ★

Si es aprobado por el comité, todos los miembros de la Cámara de Representantes y el Senado votan por el proyecto. El presidente de la Cámara de Representantes decide qué proyectos de ley se votarán. Los miembros votan utilizando un dispositivo electrónico que registra sus votos. En el Senado, el líder de la mayoría decide qué proyectos de ley se votarán. Los senadores emiten su voto diciendo "sí" o "no".

★ EL PRESIDENTE ★

Cuando un proyecto de ley se aprueba en ambas cámaras, pasa al presidente. El presidente tiene diez días, sin contar los domingos, para firmar el proyecto de ley o vetarlo.

★ SE CONVIERTE EN LEY ★

Una vez que es aprobado por el presidente, el proyecto se convierte en ley.

LA ELECCIÓN
DEL PRESIDENTE

En las elecciones presidenciales de 2016, casi tres millones de personas más votaron por Hillary Clinton que por su oponente, Donald Trump. Sin embargo, Trump fue elegido presidente. A diferencia de lo que pasa en las elecciones para el Congreso, un candidato presidencial puede perder el **voto popular** y aun así ganar. Esto se debe a que los presidentes son elegidos estado por estado, en el **Colegio Electoral**.

Estados con mucha gente, como California y Texas, tienen más votos electorales. Hay un total de 538 votos electorales. Un **candidato** debe obtener al menos 270 votos electorales para ganar la presidencia. Normalmente, lo logran ganando el voto popular en diferentes estados. El ganador del voto popular por lo general se lleva todos los votos electorales del estado. De esta manera, en Michigan, por ejemplo, el candidato que recibe más votos, aunque solo consiga uno más que su oponente, gana los 16 votos electorales del estado.

Los líderes de los partidos politicos de cada estado eligen a los electores que votarán. En muchos estados, solo el partido que representa al ganador del voto popular pide a sus electores votar en el Colegio Electoral.

SI HAY EMPATE EN EL COLEGIO ELECTORAL. LA CÁMARA DE REPRESENTANTES ELIGE AL PRESIDENTE. ESTO SOLO HA PASADO UNA VEZ. EN 1824. CUANDO JOHN QUINCY ADAMS FUE ELEGIDO.

¿SABÍAS QUE...?

ESTOS PRESIDENTES PERDIERON EL VOTO POPULAR, PERO AUN ASÍ FUERON ELEGIDOS:

JOHN QUINCY ADAMS, 1824

RUTHERFORD B. HAYES, 1876

BENJAMIN HARRISON, 1888

GEORGE W. BUSH, 2000

DONALD TRUMP, 2016

SACAR
A UN PRESIDENTE

★ ★ ★ ★ ★ ★ ★ ★ ★ ★ ★ ★ ★ ★ ★ ★ ★ ★ ★ ★

En 1999, el presidente Bill Clinton enfrentó un juicio en el Senado. Lo acusaron de violar dos leyes. El Senado tenía que decidir si era culpable y debía abandonar el cargo. Al final, el Senado no halló a Clinton culpable.

El juicio de Clinton formaba parte de un **proceso de destitución**, que le permite al Congreso sacar a un funcionario federal acusado de violar la ley. Las acusaciones podrían incluir aceptar dinero ilegalmente o traicionar al país de alguna manera. Los funcionarios también pueden ser destituidos por abuso de poder.

El proceso de destitución se incicia en la Cámara de Representantes, donde se presenta una **resolución**, que es como un proyecto de ley, excepto que sólo afecta al Congreso. La resolución pide a la Cámara que confirme si el funcionario debe ser destituido.

Si se aprueba la resolución, un comité de la Cámara reúne pruebas contra el funcionario acusado de infringir la ley. El comité entonces le dice a toda la Cámara si cree que la persona debe ser destituida. Si la Cámara vota a favor, comienza un juicio en el Senado.

Durante este juicio, Representantes de la Cámara actúan como abogados y presentan pruebas contra el acusado. El acusado también tiene abogados que lo defienden. Los senadores son el **jurado**, es decir que deciden si la persona que enfrenta el juicio político debe ser destituida. Si al menos 67 senadores lo declaran culpable, el funcionario debe dejar el cargo.

DESTITUCIÓN PRESIDENCIAL

Solo tres presidentes han enfrentado procesos de destitución: Andrew Johnson, en 1868, Bill Clinton y Donald Trump, quien fue juzgado en 2019 y 2021. Ninguno de ellos fue declarado culpable, así que ninguno fue destituido.

DONALD TRUMP

ANDREW JOHNSON

SOLO HAN SACADO A OCHO PERSONAS, TODOS ELLOS JUECES, DESPUÉS DE UN PROCESO DE DESTITUCIÓN FEDERAL.

EL VICEPRESIDENTE

★ ★

Cuando Joe Biden se postuló para presidente en 2020, eligió a Kamala Harris como su **compañera de fórmula**. Cuando Biden ganó, Harris se convirtió en la vicepresidenta. Es la primera mujer, la primera afroamericana y la primera estadounidense de origen asiático en ocupar ese importante cargo.

Si un presidente muere, renuncia o está muy enfermo para hacer su trabajo, el vicepresidente toma el cargo. La Constitución no dice mucho más sobre el papel del vicepresidente, aparte de que actúa como presidente del Senado. En ese cargo, el vicepresidente vota para romper cualquier empate. También anuncia el nombre del nuevo presidente después del conteo de los votos electorales.

LA VICEPRESIDENTA KAMALA HARRIS

En los últimos años, los presidentes han confiado en sus vicepresidentes para que les den **consejos**. Algunos presidentes también le piden a su vicepresidente que estudie problemas que enfrenta el país. Por ejemplo, Biden le pidió a Harris que estudiara por qué la gente elige dejar sus propios países para venir a EE.UU.

Si un vicepresidente muere o deja el cargo, el presidente elige uno nuevo. Cada cámara del Congreso debe aprobar esta elección.

DICK CHENEY FUE EL VICEPRESIDENTE DE GEORGE W. BUSH. Y FUE UNO DE LOS MÁS PODEROSOS DE LA HISTORIA.

JOHN ADAMS

PARTIDOS ★ OPUESTOS ★

En las tres primeras elecciones presidenciales, la persona que quedara en segundo lugar en la votación del Colegio Electoral se convertiría en vicepresidente. Esa persona y el presidente podrían pertenecer a distintos partidos, lo que podría dar lugar a desacuerdos. Sucedió cuando John Adams fue elegido presidente, en 1796, y Thomas Jefferson fue elegido vicepresidente.

HARRY S. TRUMAN SE CONVIRTIÓ EN PRESIDENTE DESPUÉS DE LA MUERTE DE FRANKLIN D. ROOSEVELT, EN 1944

LA RAMA
EJECUTIVA

★ ★

Al presidente a veces se le llama el jefe ejecutivo porque está a cargo de la rama ejecutiva. Esta rama del gobierno se compone de diferentes partes llamadas departamentos. Cada departamento administra leyes relacionadas con un área específica del gobierno. Sus acciones afectan muchos aspectos de tu vida. Por ejemplo, el dinero de algunos departamentos ayuda a estados y pueblos a construir carreteras y pagar a la policía. Otros programas de la rama ejecutiva ayudan a los agricultores a producir los alimentos que te comes.

El gobierno de EE. UU. tiene actualmente quince departamentos cuyos líderes son nombrados por el presidente, con la aprobación del Senado. Todos menos uno de estos líderes se llaman secretarios. El jefe del Departamento de Justicia es el fiscal general.

Los jefes de los departamentos ejecutivos aconsejan al presidente. Juntos forman el **gabinete** presidencial. Los presidentes también pueden pedir a otros funcionarios que formen parte de su gabinete, como el vicepresidente y los jefes de agencias más pequeñas, pero importantes.

EL DEPARTAMENTO DE EDUCACIÓN ESTÁ A CARGO DE LAS ESCUELAS DE ESTADOS UNIDOS.

DEPARTAMENOS EJECUTIVOS

Agricultura
Comercio
Defensa
Educación

Energía
Salud y Servicios Humanos
Seguridad Nacional

Vivienda y Desarrollo Urbano
Interior
Justicia

Trabajo
Estado
Transporte
Tesoro
Asuntos de los Veteranos

ESTRELLAS DEL GABINETE

Algunos miembros del gabinete han dejado su huella en la historia de EE. UU.:

En 1933, **Frances Perkins** se convirtió en la primera mujer en dirigir un departamento ejecutivo. Como secretaria de Trabajo, ayudó a crear el Seguro Social. Este programa se asegura de que las personas tengan dinero cuando sean muy mayores o se encuentren demasiado enfermos para trabajar.

Robert Weaver se convirtió en secretario de Vivienda y Desarrollo Urbano (HUD, en inglés) en 1966. Fue el primer afroamericano en servir en un gabinete presidencial. En HUD, apoyó una ley que buscaba mejorar la vivienda en las ciudades.

El Departamento del Interior juega un papel importante en el apoyo a las naciones indígenas. En 2021, **Deb Haaland** se convirtió en la primera persona indígena en dirigir ese, o cualquier otro, departamento ejecutivo. Uno de sus objetivos era mejorar la vida de los indígenas al reducir el crimen en tierras tribales.

DEB HAALAND

LA CORTE
SUPREMA

★ ★

La tercera rama del gobierno de EE. UU. es la rama **judicial**, un sistema de tribunales federales. El tribunal más poderoso es la Corte Suprema. Sus decisiones han impactado profundamente la historia del país. Por ejemplo, ha tumbado leyes que les negaban los derechos a las personas de color y de la comunidad LGBTI.

EN 2022, KETANJI BROWN JACKSON SE CONVIRTIÓ EN LA PRIMERA MUJER NEGRA EN SERVIR EN LA CORTE SUPREMA.

MITSUYE ENDO GANÓ EL CASO DE LA CORTE SUPREMA QUE DICTAMINÓ QUE EL GOBIERNO NO PODÍA ENCARCELAR A CIUDADANOS ESTADOUNIDENSES LEALES.

Durante la Segunda Guerra Mundial, el gobierno de EE. UU. sacó de sus hogares y encarceló a unos 120,000 estadounidenses de origen japonés. La mayoría eran ciudadanos estadounidenses. El gobierno temía que pudieran tratar de ayudar a Japón a derrotar a EE.UU. Después de varias batallas legales, la Corte Suprema dictaminó que ciudadanos estadounidenses leales detenidos deberían ser liberados. La **Corte** dijo que la rama ejecutiva no tenia autoridad para detener a esos estadounidenses.

LA CORTE Y SUS MIEMBROS

En la Corte Suprema hay nueve jueces que se llaman **magistrados**. La Constitución no especifica cuántos magistrados debe haber, así que el número puede cambiar. El jefe de la Corte es su presidente. Todos los magistrados son nombrados por el presidente de EE. UU., pero el Senado debe aprobarlos. Los magistrados pueden servir de por vida, o hasta que decidan jubilarse, a menos que sean destituidos.

JOHN MARHSALL ES EL PRESIDENTE DE LA CORTE DE MÁS LARGA DURACIÓN Y EL CUARTO MAGISTRADO CON MÁS AÑOS DE SERVICIO EN LA HISTORIA DE LA CORTE SUPREMA.

La Corte Suprema mayormente decide casos que comienzan en tribunales federales inferiores (ver página 38). Quien pierde un caso judicial puede presentar una apelación, lo que significa que desea que la **Corte Suprema** decida si fue correcto el fallo de los tribunales inferiores. La Corte Suprema por lo general estudia casos para determinar si las leyes federales o algunas leyes estatales están permitidas según la Constitución. Si la Corte decide que una ley no está permitida, esta deja de implementarse.

OTRAS CORTES
FEDERALES

★ ★

Los tribunales federales de distrito y de apelaciones forman parte de la rama judicial del gobierno. Como todos los tribunales, deciden si alguien ha infringido una ley. Todos tienen que cumplir las mismas leyes, incluidos los gobiernos. Los gobiernos a veces violan la ley al igual que lo puede hacer cualquier persona.

En 1992, el presidente George H. W. Bush nominó a Sonia Sotomayor para ser jueza en un tribunal de distrito federal. Sotomayor estudió alrededor de 450 casos allí antes de pasar a un tribunal de apelaciones de EE. UU. En 2009, ingresó a la Corte Suprema, convirtiéndose en la primera magistrada hispana.

Los casos que involucran leyes federales se estudian primero en uno de los 94 tribunales de distrito del país. Cada uno de estos tribunales tiene uno o más jueces, nombrados por el presidente y **confirmados** por el Senado. Al igual que los magistrados de la Corte Suprema, estos jueces pueden servir de por vida.

TODOS MENOS UNO DE LOS TRIBUNALES DE DISTRITO TIENEN UN FISCAL DE DISTRITO.

Los fiscales de distrito y su personal recopilan y presentan pruebas contra quienes son acusados de un delito. Los fiscales de distrito también son nombrados por el presidente y cumplen mandatos de cuatro años. Un presidente puede pedirle a un fiscal de distrito que sirva por más tiempo.

LA CORTE DE APELACIONES

Estados Unidos tiene trece cortes de apelaciones, también llamadas tribunales de circuito. Si alguien pierde un caso en un tribunal de distrito, puede apelar ante uno de estos tribunales para ver si el

tribunal de distrito tomó la decisión correcta. El número de jueces en un tribunal de circuito varía entre 6 y 29. Estos jueces también son nombrados por el presidente y confirmados por el Senado. En la mayoría de los casos, solo tres de los jueces de un tribunal atienden una apelación.

Un caso legal puede ser **penal** o **civil**. Si es penal, significa que alguien es acusado de violar la ley. Si es un caso civil, implica un conflicto entre dos o más personas o grupos. Los tribunales federales atienden ambos tipos de casos.

LOS PARTIDOS
POLÍTICOS

★ ★

Cuando las personas se registran para votar, pueden optar por unirse a un **partido político**. Un partido es un grupo de votantes y funcionarios gubernamentales que comparten puntos de vista similares sobre qué leyes deben aprobarse y cómo debe administrarse el país.

HOY, ESTADOS UNIDOS TIENE DOS PARTIDOS POLÍTICOS PRINCIPALES.

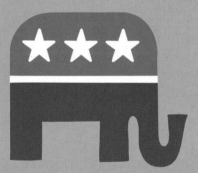

EL PARTIDO REPUBLICANO SE FORMÓ EN 1854. EN GENERAL, ESTE PARTIDO:

- BUSCA LIMITAR EL PODER DEL GOBIERNO FEDERAL SOBRE LOS ESTADOS,

- TRATA DE MANTENER LOS IMPUESTOS BAJOS

- Y SE OPONE A LAS LEYES QUE LIMITAN LO QUE LAS EMPRESAS PUEDEN HACER PARA GANAR DINERO.

EL PARTIDO DEMÓCRATA SE FORMÓ HACIA 1830. EN GENERAL, ESTE PARTIDO:

- CREE QUE EL GOBIERNO FEDERAL DEBE UTILIZAR SU PODER PARA AYUDAR A TANTA GENTE COMO SEA POSIBLE,

- PROTEGE LOS DERECHOS DE MUJERES, PERSONAS DE COLOR Y LA COMUNIDAD LGBTI

- Y QUIERE QUE EL GOBIERNO FEDERAL PROTEJA EL MEDIOAMBIENTE.

ALEXANDER HAMILTON Y THOMAS JEFFERSON LIDERARON LOS PRIMEROS PARTIDOS POLÍTICOS DE EE. UU.

La Constitución no menciona los partidos políticos. Estos se desarrollaron poco después de que George Washington fuera elegido presidente, en 1789. En ese momento, se debatía qué tipo de gobierno debería tener el país. Algunos estadounidenses estaban a favor de un gobierno federal fuerte y querían promover los negocios y el comercio. Otros querían limitar el poder del gobierno federal y favorecían los intereses de los agricultores.

★ PARTIDOS MENORES ★

En EE. UU. también hay partidos más pequeños llamados terceros. Estos pueden centrarse en un tema específico. Los partidos terceros no están activos en todos los estados. El Partido Libertario es el más grande de estos partidos. Desde 1972, los libertarios siempre han nominado un candiato para la presidencia.

LOS VOTANTES ESTADOUNIDENSES NO TIENEN QUE UNIRSE A UN PARTIDO. PUEDEN REGISTRARSE COMO INDEPENDIENTES.

LAS CAMPAÑAS

★ ★

Para convertirse en presidente o miembro del Congreso, la gente primero tiene que convencer a su propio partido de que puede hacer el trabajo. Luego intentan convencer a los votantes de lo mismo. **El esfuerzo por ganar una elección se conoce como campaña política.**

Los candidatos comienzan sus campañas contratando a personas que trabajen para ellos. Eso significa que deben recaudar dinero para pagarles. El dinero proviene de votantes, empresas y grupos que apoyan las ideas del candidato.

Los partidos políticos también gastan dinero para ayudar a sus candidatos. Parte de este dinero se usa para comprar anuncios que aparecen en las redes sociales, la televisión o los periódicos.

La cantidad de dinero que se necesita para ganar una contienda politica preocupa a algunas personas. Temen que los funcionarios elegidos favorezcan principalmente a las personas que les dan más dinero. Otra preocupación es que los candidatos con más dinero tienen una mayor probabilidad de ganar.

★ PRIMARIAS ★

Si más de un miembro de un partido quiere el mismo escaño, se enfrentan en unas elecciones llamadas **primarias**. Las elecciones primarias se llevan a cabo cada cuatro años para elegir un candidato para presidente. Los candidatos del partido viajan por todo el país para tratar de ganar la mayor cantidad de votos posible en cada estado. Los votantes eligen a los delegados de su partido. Los delegados votarán por la persona que apoyan en una reunión del partido llamada convención. Después, el candidato presidencial ganador elige a su compañero de fórmula. Estas dos personas competirán contra los candidatos del otro partido para presidente y vicepresidente.

¿SABÍAS QUE...?

ALGUNOS ESTADOS ELIGEN CANDIDATOS PRESIDENCIALES EN UNAS REUNIONES ELECTORALES ESPECIALES ORGANIZADAS POR LOS PARTIDOS POLÍTICOS. LOS MIEMBROS DE UN PARTIDO TRATAN DE CONVENCER A SUS AMIGOS Y VECINOS PARA QUE APOYEN A SU CANDIDATO.

DÍA DE ELECCIONES

★ ★ ★ ★ ★ ★ ★ ★ ★ ★ ★ ★ ★ ★ ★ ★ ★ ★ ★ ★

Cada dos años, generalmente el primer martes de noviembre, millones de estadounidenses acuden a las urnas, los lugares donde se llevan a cabo las elecciones. Estos votantes eligen a quienes mejor representen sus intereses en el gobierno.

En las elecciones federales, los votantes eligen a quienes los representarán en el Congreso. Cada cuatro años, los votantes también eligen a un presidente. Las elecciones para los líderes estatales y locales a menudo se llevan a cabo el mismo día que las elecciones federales.

LOS VOTANTES SUELEN MARCAR LOS CANDIDATOS QUE PREFIEREN EN LO QUE LLAMAMOS PAPELETAS.

En algunos estados, se usa en cambio una máquina. Los candidatos y los votantes a menudo saben quién ganó las elecciones al final del día, a menos que la contienda sea reñida. Entonces podría llevar tiempo anunciar al ganador. En contiendas muy reñidas, la ley estatal podría exigir que los votos se cuenten nuevamente. Los candidatos también pueden solicitar un recuento.

DESPUÉS DE LAS ELECCIONES

En el mes de enero que le sigue a las elecciones, los nuevos miembros del Congreso toman juramento, lo que significa que prometen defender la Constitución. Los presidentes hacen lo mismo durante la investidura presidencial. Luego, los legisladores y el presidente comienzan a trabajar para crear y hacer cumplir las leyes. Sus acciones impactan tu vida. Cuando tengas la edad suficiente para votar, ayudarás a decidir quién lleva a cabo estos importantes trabajos. ¿Qué crees que hace de una persona un buen candidato político?

¿SABÍAS QUE...?

NO TODOS LOS VOTANTES VAN A LAS URNAS EL DÍA DE LAS ELECCIONES. ALGUNOS ESTADOS PERMITEN QUE SUS CIUDADANOS VOTEN:

• ENVIANDO POR CORREO LAS PAPELETAS ANTES DEL DÍA DE LAS ELECCIONES,

• INSERTANDO LAS PAPELETAS EN BUZONES ESPECIALES UBICADOS DENTRO O FUERA DE EDIFICIOS PÚBLICOS

• O VOTANDO DE ANTEMANO EN PERSONA.

OCHO ESTADOS HACEN TODA LA VOTACIÓN POR CORREO.

GLOSARIO

apelación
una solicitud legal para que un tribunal revise la decisión de un tribunal inferior

candidato
una persona que se postula para un cargo político

censo
recuento de la población que se realiza cada diez años

cloture
una votación en el Senado para poner fin al debate sobre un proyecto de ley

Colegio Electoral
el proceso por el cual el país elige a su presidente

comités
pequeños grupos de legisladores que revisan proyectos de ley

compañero de fórmula
la elección de un candidato presidencial para vicepresidente

confirmar
aprobar los nombramientos gubernamentales de un presidente

Convención Constitucional
la reunión celebrada en 1787 para crear un nuevo gobierno estadounidense

distrito
un área geográfica representada por un legislador elegido

ejecutivo
se refiere a la rama del gobierno que lleva a cabo y hace cumplir las leyes

enmiendas
cambios o adiciones a un documento legal, como una constitución

federal
el nombre del gobierno nacional de EE. UU., o cualquier otro gobierno con poderes compartidos entre estados y un gobierno nacional

filibusterismo
el proceso que se lleva a cabo en el Senado para retrasar la votación de un proyecto de ley

gabinete
los jefes de las agencias ejecutivas que aconsejan a un presidente y llevan a cabo sus planes

investidura presidencial
la ceremonia de juramento y toma del cargo de un nuevo presidente

judicial
se refiere al sistema de cortes o tribunales de un gobierno

legislativo
se refiere a la rama de un gobierno que crea las leyes

mandato
tiempo que dura un funcionario en su cargo

poderes explícitos
poderes descritos en la Constitución

primarias
elecciones celebradas por los partidos políticos para elegir a sus candidatos

proyectos de ley
leyes que se proponen y se debaten en el Congreso

ratificar
aprobar un tratado o documento legal para que entre en vigor

resolución
una ley del Congreso que aborda emergencias o las normas del Congreso

separación de poderes
el reparto de la autoridad del gobierno entre diferentes ramas

vetar
impedir la aprobación de un proyecto de ley

voto popular
la suma de todos los votos emitidos en unas elecciones presidenciales

47

ÍNDICE